mars 1833 - antécédents   Ruxtiel

23 janvier 1837   F.....   Liénard

7 mars 1837 de Montville

13 mars 1837   Bignan

16 mars 1842   Baron Roger

13 janvier 1840 Lucien Bonaparte - Tableaux

29 mars 1842 N   Réal (Tableaux etc)

21 mars 1833

CATALOGUE

D'UNE RICHE COLLECTION

D'OBJETS D'ANTIQUITÉ

ET

De haute Curiosité,

CONSISTANT

En un grand nombre de BRONZES antiques égyptiens, grecs et romains; BRONZES indiens et
chinois des plus remarquables; BRONZES anciens
italiens, florentins et autres; OBJETS curieux et
d'ornement en matières précieuses, tels que
VASES, COUPES, TABLES, MOSAIQUES, COLONNES,
etc.; DESSINS des Ecoles anciennes, et Ouvrages
sur les antiquités;

DONT LA VENTE AURA LIEU

LE 21 MARS, ET JOURS SUIVANS,

QUAI MALAQUAIS, N°. 23, A MIDI.

IL Y AURA EXPOSITION PUBLIQUE

LES MARDI 19 ET MERCREDI 20, DE MIDI A 4 HEURES.

LE CATALOGUE SE DISTRIBUE

Chez M°. LACOSTE, Commissaire-Priseur, rue Thérèse, n°. 2;

Et chez M. ROUSSEL, Marchand d'Objets d'histoire
naturelle et de Curiosités, quai Malaquais, n°. 13.

1833.

Le Cabinet de M. Ruxtiel, dont nous sommes chargés de diriger la vente, offrira aux Amateurs une de ces occasions bien rares, dont ils s'empresseront sans doute de profiter pour augmenter leurs collections, et les orner d'objets vraiment rares et remarquables.

En effet, cet artiste distingué, mû par le zèle le plus vif et le plus passionné pour les belles productions des arts, a acquis, sans hésitation et pour ainsi dire à tout prix, un grand nombre de tous les principaux Objets d'antiquité et de haute curiosité, principalement en Bronzes, en Matières dures et en Dessins des grands maîtres qui faisaient l'ornement des plus célèbres cabinets qui ont été vendus depuis vingt ans. Il s'est aussi très particulièrement attaché aux Bronzes antiques, qui ont été découverts dans les diverses fouilles faites en France.

La description du plus grand nombre des articles a été rédigée sur des notes fournies par le propriétaire, qui les a puisées dans les divers catalogues des ventes où il a acquis les objets de son cabinet.

CATALOGUE

D'UNE RICHE COLLECTION

D'OBJETS D'ANTIQUITÉ

ET

De haute Curiosité.

ANTIQUITÉS ÉGYPTIENNES.

BOIS.

1 Une *Isis* allaitant Horus; petite figurine.

2 *Plusieurs Figurines* en forme de momies. Quelques-unes sont colorées et en partie couvertes de caractères hiéroglyphiques.

TERRES ÉMAILLÉES.

3 Un *Seau* sur lequel on voit gravé un nilomètre attaché à deux urœus.

4 Une *Plaque.* — La forme offre la façade d'un portique monolite. Sur l'un de ses côtés est peint un nilomètre entre deux autres signes symboliques ; sur la face opposée, sont

peints un chakal couché sur le sommet d'un petit édifice et quelques légendes hiéroglyphiques.

5 Un *Thoth à tête d'Ibis*. — Figure debout, très remarquable par sa hauteur peu commune, le modelé de ses formes et la beauté de son émail.

6 Un *Seau*. — Objet, forme de seau ; sous sa partie plate est gravé un crocodille devant un disque : le crocodille était l'image vivante du dieu Sork (le Saturne égyptien).

7 Un *Apis*. — Apis debout et d'un fort bel émail.

8 *Léontocéphale*. — Déesse debout et mitrée. Cette amulette, qui dépasse les proportions ordinaires, unit à un travail très soigné, une couverte bleue dont la couleur égale celle d'une belle turquoise.

9 Une *Mitre*. — Grande Mitre. Symbole de la puissance sur les régions supérieures.

10 Un *Hyppopotame*. — Hyppopotame paissant.

11 Un *Sphynx*. — Sphynx courbé dont les pattes de devant manquent.

12 Une *Figurine de forte proportion*.—Homme assis sur un siége à jour, portant la main gauche fermée sur sa poitrine, et posant l'autre main étendue à plat sur ses genoux. La tête de ce personnage est rasée, sauf

deux fortes touffes de cheveux qu'elle conserve de chaque côté et qui descendent le long du visage. La tête de cette figure a été détachée du front.

13 Une *Figure* emmaillotée en forme de momie ; le vêtement de cette figure est chargé d'hiéroglyphes, et son émail de couleur bleue est des plus brillans.

14 Un *Hercule égyptien.* — Cette figurine à demi-agenouillée, soutient le disque solaire.

15 Un *Amon-ra.* — Groupe de trois amulettes.

16 Deux *Figurines* emmaillotées en forme de momies ; leurs vêtemens sont chargés d'hiéroglyphes.

17 Un *Isis allaitant Horus.* — Cette figurine est d'un bel émail bleu.

18 Une *Figure emmaillotée* en forme de momie ; son vêtement est chargé d'hiéroglyphes parfaitement conservés. L'émail de cette figure est presqu'entièrement détruit.

19 Un *Amulette.* — Un petit Épervier, la tête surmontée du Pscheut.

20 Quatorze *Figurines.* — Formes de momies dont les vêtemens sont chargés d'hiéroglyphes.

21 Quatorze *Figurines* en forme de momies, mais sans hiéroglyphes.

MATIÈRES DIVERSES.

22 *Serpentine.* — Fragment de bas-relief. Sur sa partie supérieure, sont gravées quatorze petites colonnes d'hiéroglyphes, dont quelques-unes sont fracturées. Au-dessous de ces légendes et sur un champ un peu renfoncé, est un bas-relief qui représente une barque garnie de deux rames, et supportant un disque sur lequel se détache la figure d'Amon-ra, ailée et assise ; elle est surmontée de quatre têtes de béliers, dont les deux supérieures sont couvertes par une mitre richement décorée.

Sur le pont de cette barque sont également figurées six autres divinités rangées l'une après l'autre, deux du côté de la poupe et quatre du côté opposé. Toutes sont debout et expriment par des attitudes variées, le respect que leur inspire la présence du roi des dieux. Ce monument est exécuté avec autant de soin que le sont les plus beaux camées. (Vente Denon.)

23 *Serpentine.* — Un *Scarabé* dont la partie plate contient six lignes d'hiéroglyphes. Longueur 2 pouces 5 lignes.

24 *Idem.* — Un *Canope.* — L'objet que nous décrivons ressemble assez bien par devant à un canope surmonté d'une tête humaine en serpentine rouge. Tous les détails, le

collier et un vaisseau figuré sur son centre,
sont formés par des émaux de diverses couleurs. Le revers de ce morceau singulier est
plat et recouvert d'une couche de mastic
blanc sur lequel sont peintes en noir sept
lignes d'hiéroglyphes ; une feuille de verre
appliquée avec soin sur cette légende avec
une colle transparente, en garantit parfaitement la conservation.

Ce petit monument funéraire est encore
unique dans les collections d'antiquités qui
nous sont connues. Longueur 2 pouces 5
lignes. (Vente Denon.)

25 *Serpentine* — Une *Statuette* assise, dont le
vêtement et le soutien sont chargés d'hiéroglyphes.

26 *Pierre Calcaire.* — Un *Stèle* arrondi d'en
haut.

    1er. Compartiment : Un Chakal couché
et en partie entouré d'hiéroglyphes.

    2e. Compartiment : Un homme et une
femme assis en regard sur des siéges, et
séparés par une table chargée d'offrandes.

    3e. Compartiment : Une figure debout et
deux autres assises ; sur le fond sont gravées
des légendes hiérogliphyques. (Vente Denon.)

27 *Basalte.* — Un *Fragment.* — Fragment d'une
figure en forme de momie.

BRONZES.

28 Un *Vase*.—Espèce de Seau garni d'une anse :
près du col est un bas-relief circulaire,
représentant deux cynocéphales en adora-
tion devant une barque chargée du disque
solaire : près de ces animaux sont deux va-
ches dont les têtes portent aussi des disques
et qui sont placées sur les côtés d'une fi•
gure dont les attributions ne peuvent être
distinguées. Sur le pourtour du vase est figuré Phath debout devant un autel et re-
cevant les hommages d'une figure humaine
qui est en regard avec lui ; à la suite du
dieu, marchent Isis, Neptithis et Phrée.

Le culot de ce vase est formé par une
fleur de Lotus : sa forme et sa décoration se
rapportent à-peu-près à un objet du même
genre qui appartient au Cabinet des antiques de la Bibliothèque. Hauteur 2 pouces et demi. (Vente Denon.)

29 *Déesse Boutot.* — Une *Statuette debout*, représentant la déesse Boutot. Hauteur 4 p.

30 Une *Phrée.*—Figure assise. Le disque solaire qui surmontait sa tête et le sceptre
qu'il tenait à la main sont détruits. Haut.
3 pouces.

31 Un petit *Sceptre.* — Sceptre surmonté de
l'Épervier, coiffé du Pscheut, image symbolique d'Horus. Haut. 1 pouce.

32 Deux *Harpocrates*. — Figures à demi assises. Haut. l'une 3 pouces, l'autre 1 pouce.

33 *Léontocéphale*. — Déesse debout. Cette figure porte une amulette à filets d'or suspendue sur la poitrine, et ses yeux sont incrustés de plaques en même métal. Haut. 6 pouces 1/2.

34 Une *Chatte assise*. — Chatte assise. Haut. 2 pouces 1/2.

35 Un *Petit Chat*. — Petit Chat couché sur le débris d'un socle et dont le mouvement est plein de vérité. Long. 1 pouce 1/2.

36 Une *Divinité mâle*. — Debout et garnie d'une bélière. Haut. 2 pouces.

37 Un *Homme assis*. — Statuette assise portant un riche collier et tenant sur ses genoux un volumen déroulé; sur la plinthe sont gravés quelques hiéroglyphes. Haut. 6 pouces.

38 Un *Chat assis*. — Il est placé sur une plinthe sur laquelle est un autre petit chat couché.

39 Une *Figurine* — Elle est assise sur une fleur de Lotus.

40 Un *Isis allaitant Horus*. — Le siége de cette figurine assise est chargé de figures hiéroglyphiques; le disque solaire qui surmonte sa tête était incrusté d'émail en partie détruit.

4ı *Bœuf Apis.*

4ᵃ Une *Amulette.* — Elle représente la déesse Léontocéphale.

43 Un *Anubis.* — Il est debout (travail romain).

44 Une *Figurine.* — Isis allaitant Horus, sur un socle en granit rouge.

45 *Isis assise.* — La déesse presse son sein avec la main droite et s'apprête à allaiter Horus. Cette figurine est d'une grande dimension. Haut. ı3 pouces ı/2.

46 Un *Harpocrate.* — La tête surmontée du Pscheut, il tient une corne d'abondance d'une main, et s'appuie sur un cep de vigne. Figurine ornée d'un collier auquel est suspendu une fibule.

47 Un *Harpocrate.* — Autre figurine plus petite que la précédente; elle est aîlée et de travail romain ! ses attributs sont détruits en partie. Haut. 2 pouces 2 lignes.

48 Un *Harpocrate.* — Figurine à demi assise, la tête surmontée d'un ornement symbolique. Haut. 5 pouces.

49 Un *Harpocrate.* — Autre Harpocrate debout. Haut. 3 pouces.

5o Un *Harpocrate.* — Le même dieu assis. Cette figurine d'une assez grande dimension, est posée sur un petit socle en bois doré.

31 Un *Amulette*. —Petit groupe de trois figures sur un socle en albâtre.

52 Un *Homme assis*. —Figurine dont les deux avant-bras manquent.

53 Une *Prêtresse d'Isis*. —Grande figurine richement drapée; sa tête est surmontée d'un oiseau.

54 Un *Homme assis*. —Figure les mains appuyées sur les genoux.

55 Une *Grande Figurine*. — Représentant une divinité égyptienne.

BRONZE PERSÉPOLITAIN.

56 *Bronze*. —Temple ou Pagode, dans le genre indien, sous lequel on voit dans le fond deux personnages assis; devant eux deux autres petites figures également assises chacune devant un autel, et tout-à-fait en avant, une petite figure accroupie à l'orientale paraît présenter un sabre qu'elle tient par le fourreau.

Ce petit monument par la pose et le style des figures, semble tenir du genre persépolitain ou de l'égyptien.

ANTIQUITÉS

GRECQUES ET ROMAINES.

TERRE.

57 Un *Vase étrusque*. — Vase grec forme de buire, couverte noire; fabrique de Nola.

58 Un *Vase étrusque.*—A bec comprimé, couverte noire.

59 Deux *Vases lacrymatoires.* —Terre à dessins noirs.

60 Un *Vase étrusque.* — Joli petit vase à tête humaine en relief, ouverture en trefiles; et à une seule anse.

61 Deux *Vases.* — Forme ovoïde, avec deux anses latérales élevées au dessus du couvercle; ils sont ornés de côtes.

62 Deux *Lacrymatoires.* — Deux petits vases forme ronde surbaissée jaune, à dessins rouges.

63 Un *Vase.* — A deux anses avec ornemens en blanc; fabrique de Nola.

64 Une *Coupe.* — Petite coupe ronde avec couvercle, à couverte noire et dessins d'ornemens.

65 *Lampes.* — Plusieurs Lampes en terre cuite, dont une avec mascaron.

VERRE.

66 Une *Bouteille.*— Forme carrée à deux anses se rattachant au gouleau.

67 Une *Urne.*—Vase forme d'urne, d'une belle conservation. Il renferme encore les cendres et ossemens avec lesquels il a été trouvé.

68 Une *Urne.*—Un semblable vase dont le verre irisé est du plus bel effet.

69 Un *Lacrymatoire.* — Ou verre bleu; le gouleau est fracturé.

70 Deux *Vases.* — Petits vases de forme ronde, avec deux arses se rattachant au gouleau.

71 Deux *Lacrymatoires.* — Deux petits vases lacrymatoires en verre bleu très clair.

72 Onze *Petits Vases.* — Lacrymatoires du même genre.

MARBRES.

73 *Marbre blanc.* — Tête de femme ornée d'une couronne murale. Fragment d'une grande statue.

74 *Marbre blanc.* — Petite statue de Cérès.

75 *Idem.* — Tête d'Hermès.

76 *Idem.* — Urne cinéraire avec son couvercle et ornée de bas-reliefs sur trois faces.

77 *Jaune antique.* — Masque de Jupiter Indien.

78 *Jaune antique.* — Tête de Bacchante.

79 *Marbre rouge veiné.* — Un génie, posé à la manière d'une Caryatide au-devant et sous la moulure d'un piédestal de colonne; cette sculpture, du plus beau faire, est attribuée à Michel-Ange.

80 *Jaune antique.* — Un Faune.

81 *Idem.* — Un Sphynx.

BRONZES ANTIQUES.

82 Quatre *Chevaux*. — Les attitudes variées et l'emportement fougueux qui semblent les animer, font présumer qu'ils devaient être attelés au char d'Apollon. Ces jolis bronzes, qui ont appartenu au Roi de Naples, ne laissent rien à désirer sous les rapports de la perfection du modelé et de l'élégance des formes.

Nous pensons que cet ensemble peut être considéré comme unique.

83 Un *Groupe*. — Deux Hercules luttant.

84 Un *Hercule*. —(Découvert dans les environs de Soissons.)

85 Un *Comédien*. — Dans le rôle d'Hercule; cette figurine, qui porte un masque, est coiffée d'une peau de lion rattachée sur la poitrine par dessus sa tunique.

86 *L'Abondance*. — Figure très rare par la similitude qu'elle offre dans ses ajustemens avec ceux de la Diane antique en marbre qui est au Musée, et dont elle paraît avoir été le type. (Ce bronze a été découvert à Lillebonne, département de la Seine-Inférieure.)

87 Une *Minerve*. — (Trouvée par M. Grivaux.)

88 Un *Hercule*.—Couché et incliné sur une peau

de lion étendue sur une terrasse ; il tient une coupe de la main gauche.

89 Une *Vénus.* — Debout et inclinée en avant. Ce petit bronze, dont la tête est ornée d'un diadème, a inspiré à M. Girodet la figure de son tableau de Pygmalion.

90 Un *Mercure.* — Assis sur un rocher, coiffé de son pétase et ayant ses ailerons à la tête et aux pieds, il semble se reposer de ses fatigues après tant de voyages au ciel, sur la terre et aux enfers. Il porte une chlamyde rejetée en arrière et arrêtée sur l'épaule droite par quatre boutons ; à ses pieds sont une tortue et un lézard.

La pose gracieuse de cette belle figure exprime *l'éloquence persuasive.*

91 Une *Abondance.* — Statuette de style grec et et d'une belle conservation ; ce bronze est tiré du cabinet Saint-Victor. (Découverte dans le département de la Seine-Inférieure.)

92 Un *Échanson.* — Statuette rare, en ce qu'elle est couronnée de fleurs. (Seine-Inférieure.)

93 Un *Astronome.* — Il est debout ; la tête surmontée d'un globe entouré de constellations.

94 *Vénus pudique.* — Coiffée d'un diadème ; sa pose est très gracieuse.

95 Un *Fragment de bas-relief.* — Une lutte entre un Pâtre et un Bouc.

96 *Vénus.* — Travail de l'art transitoire des
Égyptiens aux Grecs; cette divinité est
coiffée d'un oiseau surmonté d'une fleur
de Lotus supportant un disque. Les con-
tours des formes ne laissent rien à désirer.

97 Une *Pallas.*

98 Un *Silène.* — Tenant un vase de la main gauche et une coupe de la droite; il a la tête
ornée de grappes de raisin. Ses yeux sont
incrustés en or.

99 Une *Hermaphrodite.* — Figure très gracieuse.

100 Un *Éléphant.*

101 Un *Ours.*

102 Un Dieu *Mars.*

103 Un *Ganymède.* — Il tient de la main droite
une coupe et de la gauche le vase qui doit
contenir le nectar ; cette statuette est ornée
d'un collier auquel est suspendu un phalus
en or. Ses yeux sont incrustés d'argent.

104 *Faune monté sur un trépied.* Très riche de
sculpture.—Cette figurine tient une flûte de
chaque main. Ce beau bronze, tiré du cabinet Borghèse, est très bien conservé.

105 Une *Femme appuyée sur une colonne.* — Sa
tête est ornée d'un diadème; de la main
droite, elle semble ajuster son voile, tandis
que de la gauche elle paraît avoir tenu un
miroir.

106 *Fille de Niobée.* — Petite figurine.

107 Un *Pygmée.* — Sautant sur une jambe.

108. Une *Jeune fille debout.* — Elle est en partie enveloppée dans un grand peplum; elle incline sa tête de côté, sa main gauche est appuyée sur sa hanche et la droite touche le vêtement qui lui couvre la cuisse. (Du cabinet Denon.)

109. Un *Ane dans l'action de braire.* — Son dos est chargé de deux paniers, s'enlevant à volonté, mais qui, cependant, lui ont toujours appartenu. — Les Ambraciotes, vainqueurs des Molosses avaient consacré un âne de bronze dans le temple d'Apollon à Delphe. (Cabinet Denon.)

110 Une *Lampe en forme de pied.* — Cette jolie Lampe, dont la forme est celle d'un pied de Faune avec sa chaussure, a son anse adaptée au talon, et l'ouverture destinée au passage de la mèche se trouve au bout du gros orteil. Ce bronze est d'un travail parfait, et sa patine est très égale. (Du cabinet Denon.)

111 Un *Ensemenceur.* — Statuette revêtue d'une blouse gauloise, pantalon, chaussure et coiffure à la phrygienne. Elle est aussi ajustée d'une peau de chèvre qu'il soutient de la main gauche pour retenir la graine qu'il sème.

112 Une *Victoire.* — Petite figurine tenant une palme de la main gauche; le mouvement de

son corps indique que le bras droit était
levé et dans l'action de tenir une couronne.

113 Un *Apollon*. — Petite figurine d'une parfaite
conservation.

114 Une *Femme*. — L'ordonnance des draperies
de cette figurine, qui paraît avoir servi d'ornement d'enseigne, est d'un grand style.

115 Un *Index*. — Il est orné d'un anneau.

116 Un *Doigt colossal*. — D'une statue de femme.

117 Une *Minerve*. — Cette figurine, coiffée d'un
casque surmonté du hibou, supportant une
forte crinière, est d'une très belle conservation. Les draperies sont d'un style grec.

118 Une *Pomone*. — Assise sur une terrasse, et
coiffée d'un diadème; cette belle figurine,
d'une parfaite conservation, a les yeux incrustés en argent.

119 Une *Lampe gauloise*. — Elle est surmontée
d'un coq.

120 Une *Lampe à deux becs*. — Le dessus offre
un amour sur un dauphin (découverte à
Lillebonne, département de la Seine-Inférieure.)

121 Un *Jupiter Serapis*. — Bronze romain d'une
parfaite conservation.

122 Un *Empereur romain*. — Petite figurine.

123 Autres *Empereurs romains*. — Faisant partie
d'une suite des douze empereurs.

124. Un *Faune*. — Il fait des efforts, en se retour-

nant, pour voir sa queue, qu'il tient de
la main gauche.

125 Un *Groupe*. — Bacchus et deux Satyres dans
une marche bachique. L'ordonnance grandiose de ce petit monument est pleine d'esprit et de mouvement.

126 Un *Hercule Farnèse*.

127 Une *Lampe à long bec*.

128 Un *Rhinocéros*.

129 *Socrate*. — Au moment de prendre la
cigüe. Ce beau bronze est *l'unique* de toutes les collections que nous connaissons.

130 *Ulisse*. — Assis en avançant le pied pour
le laisser laver par son ancienne servante;
son attitude exprime la crainte et l'émotion.

131 Un *Apollon*.—Debout; la partie supérieure
de la tête manque.

132 Une *Fortune*. — Tenant une corne d'abondance de la main droite; cette figurine est
coiffée d'un diadême surmonté du Polus.

133 Un *Vase*. — D'une forme ronde et très riche
de sculpture.

134 *Jeune homme*. — Entièrement nu; il semble
indiquer quelque chose de la main gauche,
tandis que de la droite il paraît tenir des
plantes.

135 Une *Abondance*.—Figurine coiffée d'un diadême et appuyée sur une colonne; elle
tenait un gouvernail de la main droite.

136 Un *Masque*. — Dont les yeux sont incrustés en argent.

137 Un *Petit groupe*. — L'enlèvement d'Europe.

138 Un *Camille*. — Statuette d'une belle conservation et d'une grande dimension ; les yeux sont en argent.

139 Un *Mercure*. — Il tient une bourse de la main droite et présente le bras gauche en avant. (Cabinet Denon.)

140 Un *Groupe*. — Les trois Grâces.

141 Un *Trophée*.

142 Une *Jambe droite*. — De nature jeune, elle est d'un excellent travail.

143 Une *Lampe*. — Elle est ornée d'un masque.

144 Un *Mercure*. — Figurine debout.

145 Un *Hercule jeune*. — Luttant contre un serpent.

146 Un *Groupe*. — Deux figurines, Hercule étouffant Antée.

147 Un *Jupiter*. — Debout.

148 Un *Pied d'Homme*. — De grandeur naturelle.

149 Un *Taureau*. — Beau bronze, sur un socle en jaune de Sienne.

150 Un *Cheval*. — Sur piédestal en marbre blanc orné de fragmens antiques.

151 Un — Figurine de Monte-Cavallo.

152 Une *Panthère*. —Debout et levant une patte (long. 2 pouces 8 lignes).

185 Un *Petit Faune.* — Il porte un vase sur son épaule.

186 Une *Lionne.*

187 Un *Chameau.*

188 Un *Seau.* — Il est garni de deux anses, et d'une belle conservation.

ARGENT.

189 *Phocion.* — Petite figurine en argent.

190 Une *Vénus.* — Elle est coiffée d'un diadème et appuyée sur une rame, autour de laquelle est un dauphin ; figurine d'argent faisant le pendant de la précédente.

BRONZES

INDIENS ET CHINOIS.

INDIENS.

191 Une *Divinité.* — Assise, bronze doré.

192 Une *Idem.* — Bronze.

193 Une *Idem.* — Bronze doré.

194 Une *Idem.* — Bronze d'un travail très fin.

195 *Petit Éléphant.* — Bronze indien.

196 Quatre *Divinités.* — Diverses poses (Sous le même numéro).

197 Sept *Idem.* — Diverses attitudes.

BRONZES CHINOIS.

198 Un *Vase antique* d'une grande dimension

et de forme élégante. Ce vase remarquable, dont les anses latérales dépassent
la hauteur du couvercle sur lequel est placée une divinité entourée de quatre autres
figures qui représentent les quatre élémens,
est supporté par trois pieds formés par des
trompes d'éléphans sortant de la gueule
d'animaux chimériques.

Ce beau vase est placé sur un socle en
bois de fer sculpté.

199 Un *Bassin*. — Magnifique bassin imitant une
grande feuille de nénuphar, dont la tige,
sur laquelle est un scarabée, est recourbée
et disposée de manière à former un trépied
pour supporter ce bassin.

Le support, en bois de fer travaillé à
jour, imite la racine de cette plante.

Les deux objets ci-dessus, d'un beau
travail et d'une parfaite conservation, sont
placés sur une petite table en fer.

200 Un *Crabe*. — Bronze antique, espèce de cas-
solette à mettre les parfums. Cet objet est
d'une belle conservation.

201 Un *Vase* (*Ting*). — Vase chinois à brûler
des parfums. Le couvercle est formé de
feuilles de bambou, ainsi que les anses et
les pieds; il est supporté par un trépied
également formé par des branches de
bambou.

BRONZES ANCIENS,

ITALIENS, FLORENTINS ET AUTRES.

202 *Florentin.* — L'Enlèvement de Proserpine ; groupe de figures, très fin et bien conservé.

203 *Italien.* — Gladiateur combattant ; bronze très fin, sur un socle en bronze du temps.

204 *Idem.* — Hercule terrassant le Centaure ; groupe à deux figures.

205 *Français.* — Napoléon et Marie-Louise assis (ces bronzes proviennent de la vente de l'impératrice Joséphine).

206 *Italien.* — Samson armé d'une mâchoire d'âne, terrassant un Philistin.

207 *Italien.* — Les neuf Muses et Apollon (10 figures); bronzes très fins, fondus par G. Zaffoli, à cire perdue.

208 *Idem.* — Vénus arrangeant ses cheveux ; bronze de Bacchio Bandinelli, sur socle en marbre noir garni de bronze doré.

209 *Italien.* — Cléopâtre debout, se faisant piquer par un aspic ; l'Amour est à ses pieds, son attitude exprime le regret.

210 *Florentin.* — Iris. Cette gracieuse figure est debout, sur un piédestal en bronze orné de caryatides et de guirlandes de fruits.

211 *Italien.* — Hercule Farnèse. Appuyé sur sa

massue, il tient dans sa main droite les trois pommes qu'il a cueilllies dans le jardin des Hespérides.

212 *Idem.* — Flore. Ce bronze est de même proportion que le précédent ; les draperies et tous ses détails en sont d'une grande finesse.

213 *Florentin.* — Vénus surprise au moment de se mettre au bain.

214 *Idem.* — Arianne endormie ; jolie statuette, pose très gracieuse.

215 *Italien.* — Vénus africaine.

216 *Idem.* — Antigone dans l'attitude de traîner le corps de son frère, pour lui donner la sépulture ; ce bronze est dans les formes de Michel-Ange.

217 *Très ancien.* — L'Enlèvement d'Europe ; bronze d'une grande finesse.

218 *Italien.* — Laocoon, fondu à cire perdue par G. Zoffoli.

219 *Idem.* — Apollon du Belvédère, petite statue.

220 — Mercure par Jean de Bologne. — Ce bronze a servi à beaucoup de contrefaçons.

221 *Florentin.* — Enlèvement d'une sabine, groupe de deux figures.

222 *Bronze français.* — Quatre figures représentant les quatre parties du monde. Réduction des statues qui ornaient le piédestal de la statue équestre de Louis XIV.

223 *Très-ancien.* — Hercule.

224 *Italien.* — Cléopâtre assise. Ce bronze est attribué à Bacchio Baudinelli.

225 *Italien*. — Hercule appuyé sur sa massue.

226 — Vieillard debout.

227 *Italien*. — Vénus accroupie, bronze très fin.

228 — Jeune homme, dans l'attitude de l'Amour grec. Bronze très-fin.

229 — Torse d'un beau modèle.

230 *Italien*. — Deux jolies petites figurines d'enfant.

231 *Idem*. — Deux autres à-peu-près semblables.

232 — Vase à tête humaine.

233 *Italien* — Alexandre, tenant un glaive d'une main et un baudrier de l'autre.

234 *Idem*. — Venus de Médicis, fonte légère. Ce bronze est très-bien ciselé.

235 *Italien* — Apolline. Bronze d'une très jolie exécution.

236 *Florentin*. — L'architecture personnifiée, fonte très ancienne.

237 — Esclave à genoux.

238 *Français*. — Enfant tenant une cage (ce bronze, par Pigal, a le gracieux qu'ont les ouvrages de François Flamand.)

239 — Petit enfant s'attachant des patins.

240 *Italien*. — Mercure assis.

241 *Idem*. — Lucrèce, très jolie petite statue.

242 *Idem*. — L'Hiver, figuré par un vieillard enveloppé d'un manteau.

243 *Idem*. — Cléopâtre couchée, attribuée à Michel-Ange.

244 — Femme satyre assise sur un cippe; cette figure est des plus gracieuses.

245 —Vénus sortant du bain. Bronze très fin et
doré.

246 *Florentin.*—La Tireuse d'épine, bronze d'une
grande finesse.

247 *Français.* — Amours lançant des flèches,
bronze d'après Jean Goujon.

248 *Italien.* — Vulcain assis, et dans l'attitude du
repos, après avoir forgé le bouclier d'A-
chille.

249 *Idem* — Figurine de femme représentant la
discrétion.

250 *Français.* — Venus couchée sur un lit de repos. Bronze doré, les draperies coloriées.

251 *Français.* — Diane chasseresse.

252 *Idem.* — Amour, bronze doré.

253 *Italien.* — L'enfant prodigue.

254 *Idem.* — Joueur de musette.

255 *Idem.* Amour portant une corbeille de fleurs.

256 —Jeune garçon assis sur un siége
triangulaire et tenant un oiseau.

257 *Florentin.* — Enlèvement de Déjanire; ce
bronze est un chef-d'œuvre de légèreté.

258 *Italien.* —Cheval au galop sur un socle en
vert antique.

259 *Florentin.*— Vénus assise et tirant une épine
de son talon.

260 *Italien.*—Victoire dont les ailes manquent;
elle est dans l'attitude de porter un trophée.
La fonte et le travail de cette figure sont très
fins.

261 *Italien*.—Deux figurines de femme du tems de Jules Romain.

262 *Italien*. — Jeune satyre dans l'attitude de cueillir quelque chose. Bronze remarquable par sa finesse.

263 *Italien*. — Jeune Homme debout et dans l'attitude de la douleur que lui fait souffrir la morsure d'un serpent qui est à ses pieds. Ce bronze est attribué à Michel-Ange.

264 *Italien*.—Faune jouant de la flûte double, son attitude est athlétique.

265 —Enfant dans l'attitude de lancer un javelot.

266 *Italien*. — Deux petites Statues de femmes drapées et faisant pendans; l'une représente Cérès.

267 —Statue équestre sur socle en jaune antique.

268 *Très ancien*. —Bacchus appuyé sur un tronc d'arbre et tenant des raisins.

269 *Très ancien*. — Hercule enfant, étouffant des serpens. Très beau bronze bien conservé.

270 *Florentin*. — Bacchus pressant des raisins dans une patère qu'il porte à ses lèvres. Cette jolie petite figurine est parfaite d'exécution.

271 *Florentin*. —Diane chasseresse, un chien à ses côtés.

272 *Genre hollandais*.—Figurine de femme retirant une épine de son pied. *Pose curieuse.*

Ce petit bronze provient de la vente de M. Hermann, consul.

273 *Italien.* — Deux Empereurs romains faisant pendans. Petites figurines très fines.

274 *Florentin.* — Deux figurines de femmes drapées, et dont tous les détails sont d'une grande finesse.

275 *Italien.* — Jolie figurine de femme prenant des fleurs d'un vase; sa pose ne laisse rien à désirer.

276 *Italien.* — Cléopâtre; charmante petite figurine (de Primatice); se faisant piquer par un aspic; près d'elle une espèce de trépied sur lequel est posé du linge.

277 — Enfant assis dans l'attitude de tenir une girandole. (Bronze doré.)

278 *Italien.* — Bacchante, petite figurine.

279 *Ancien.* — Enfant, d'après F. Flamand.

280 *Idem.* — Autre Enfant plus petit, fonte très légère.

281 *Idem.* — Amour debout (bronze doré).

282 *Idem.* — Petit Enfant tenant une pomme (*idem*).

283 *Idem.* — Deux figures de femmes drapées, faisant pendans. Bronzes d'une grande finesse.

284 *Idem.* — Cantinière en repos, et appuyée sur un tronc d'arbre.

285 *Idem.* — Vénus sortant du bain; son pied gauche appuyé sur un trépied.

286 *Italien.* — Figurine d'homme tenant un cygne. Bronze très fin et d'une belle patine.

287 *Italien.* — Figurine de femme drapée, tenant un livre qu'elle paraît expliquer.

288 *Idem.* — Vénus au bain, jolie petite figurine.

289 *Idem.* — Très joli petit buste de femme, sur piédouche en bronze doré.

290 *Idem.* — Figurine de femme couronnée de fleurs. Elle paraît avoir été dorée.

291 *Idem.* — Buste de Proserpine.

292 *Idem.* — Deux Enfans faisant pendans. Bronze doré.

293 *Idem.* — Antinoüs. Bronze très fin, fonte à cire perdue, par G. Zoffoli.

294 *Idem.* — Vénus accroupie et se touchant les pieds. Charmante petite figurine.

295 *Idem.* — Vénus arrangeant ses cheveux ; elle est assise sur un tronc d'arbre, sur lequel sont ses vêtemens.

296 *Très ancien.* — Bouc bondissant sur un tronc d'arbre.

297 *Idem.* — Le Temps. Figure couchée.

298 *Italien.* — Deux Larrons, par Michel-Ange.

299 *Italien.* — Icaro, fils de Dédale, indiquant
à son père qu'il va s'appro-
cher du Soleil, malgré ses
sages conseils.

ARGENT.

300. *Argent.* — Henri IV, petite statue équestre, sur un socle en bronze
doré.

301 — Sully, petite statue *idem*, faisant
pendant. (Travail du temps.)

OBJETS DIVERS

EN MATIÈRES DURES DIVERSES.

302 — Monument architectural ou Ornement d'Autel, provenant probablement de
l'oratoire d'un souverain.

Le corps de ce monument est en ébène;
le soubassement est recouvert de jaspe vert
veiné de jaune, dans lequel est incrustée
une grande plaque de jaspe vert et rouge.
Deux colonnes en jaspe fleuri rouge, de la
plus belle qualité, sont placées au-devant de
deux pilastres également en jaspe, et sup-
portent un fronton cintré, au milieu
duquel est incrustée une mosaïque de
Florence.

La figure et les mains de la Madone qui occupe le centre de ce monument, ainsi que celles de l'Enfant Jésus qu'elle porte, sont en calcédoine blanche ; la tunique de la Vierge est en jaspe fleuri rouge, et le Peplum en lapis. — Le fond, au-devant duquel est placée la figure, est également en lapis.

Ce magnifique objet, aussi remarquable par la richesse des matières que par sa belle composition, est digne de fixer l'attention.

303 *Jaspe fleuri.* — Colonne, socle et table.

304 *Jaspe-brèche jaune.* — Fûts de colonnes.

305 *Grand Antique noir.* — Gaîne et socle.

306 *Serpentine verte.* — Socle (moucheté de blanc à paillettes de Diallage).

307 *Jaspe rouge antique* (dit d'Afrique). Piédestal dont la belle teinte unie est très agréable.

308 *Pouddingue.* — Socle (Les petits cailloux noirâtres ressortent agréablement sur le fond blanchâtre).

309 *Albâtre oriental.* — Piédestaux ; plinthes en bronze doré.

310 *Granit globuleux de Corse.* — Gros Piédestal.

311 *Marbre rose.* — Fûts de colonnes ; plinthes en bronze doré. Ce marbre vient de Franche-Comté.

312 *Albâtre oriental.* — Piédestaux ; plinthes en bronze doré. Cette matière est très agréable.

313 *Cristal de roche.* — Divinité chinoise tenant une branche garnie de feuilles et de fruits ; elle est debout sur un rocher en même matière. L'artiste a su profiter avec avantage des parties colorées accidentellement, pour représenter des fruits et un animal chimérique qui rampe aux pieds de la Divinité.

314 *Malachite.* — Socle en cuivre carbonaté, bleu et vert, venant de Chessy.

315 *Malachite.* — Socle.

316 *Rouge antique.* — Un groupe de Vénus et l'Amour, sur piédestal, et tête d'homme.

317 *Feldspath bleu.* — Vase de forme surbaissée, bien évidé. Cette matière vient de Styrie.

318 *Cristal de roche neigeux.* — Tabatière ovale, dont la matière neigeuse est presque opaque, avec mosaïque en relief au pourtour et sur le couvercle, en matières précieuses et variées.

319 *Agate d'Allemagne.* — Tabatière, monture en cuivre.

320 *Pouddingue.* — Tabatière ronde, monture en cuivre.

321 *Bois agatisé.* — Tabatière ronde, monture argent doré.

322 *Agate rouge.* — Tabatière carré long, monture en cuivre, et fût de colonne.

323 *Aigue marine.* — Fûts de colonnes d'une teinte fort agréable ; tors et plinthes en bronze doré.

324 *Pouddingue.* — Coffret carré long, composé de six plaques, monture en cuivre doré.

325 *Lave micacée du Vésuve.* — Fûts de colonnes, plinthes en marbre blanc.

326 *Serpentine vert antique.* — Piédestaux et fûts de colonnes, socles carrés et socles ronds.

327 *Manganèse rose.* — Piédestal, plinthe en bronze doré ; la matière est d'une couleur fort agréable.

328 *Serpentin des Vosges.* — Table carré long, fûts de colonnes et socles.

329 *Porphyre vert oriental.* — Fûts de colonnes, grands et petits socles, *idem.*

330 *Porphyre rouge oriental.* — Colonnes doriques, avec chapiteaux en bronze doré. — *Idem* Fûts de colonnes, grands et petits socles carrés.

331 *Jaspe bréché rouge.* — Fûts de colonnes, très belle matière.

332 *Granit gris taché de rose.* — Colonnes doriques avec chapiteaux et tors en bronze doré.

333 *Granit gris taché de rose.* — Piédestaux, fûts, pilastres carrés, en même matière.

334 *Serpentin des Vosges.* — Gaines et socles, monture en bronze doré.

335 *Granit rose égyptien.* — Obélisque, fûts de colonnes et socles de différentes grandeurs.

336 *Brèche rouge.* — Socle et fût de colonne.

337 *Brèche grise à taches rosées.* — Socle.

338 *Granit noir et blanc.* — Fût de colonne.

339 *Brèche de Sicile.* — Fût de colonne.

340 *Marbre antique.* —

341 *Jaune antique.* — Faune et Sphinx, socle, piédestal, et fûts de colonnes.

342 *Mosaïque de Florence.* — Une grande Mosaïque de Florence, représentant une ruine avec personnages ; aussi extraordinaire par son bel effet que par la difficulté du travail, et composée des matières les plus précieuses, telles que jaspes, bois agatisés, lapis, etc., etc.

343 *Vert antique avec mosaïque.* — Tablette carré long, à coins coupés ; au centre est une belle plaque de jaspe fleur rouge de la plus belle qualité, entourée d'une mosaïque de Florence, représentant des fleurs et des papillons de couleurs vives et naturelles.

344 *Agate.* — Piédestal incrusté de plaques d'améthiste.

345 *Griotte rouge.* — Piédestal incrusté de lapis et de brocatelle.

346 *Lumachelle.* — Et autres marbres.

347 *Jaspe vert.* — Monture en bronze doré.

348 *Spath fluor.* — Socle.

349 *Vorsico.* — Socle.

350 *Lapis de Sibérie.* — Grand obélisque pour
cette matière précieuse, posé sur un socle
en agate et prime d'améthiste.

351 *Jaune de Sienne.* — Trépied formé par trois
chimères, dont le jaune de Sienne est de
très belle qualité. Il est placé sur un piédestal en vert antique, dont les moulures sont
en jaune antique. Ce beau trépied supporte
une tablette octogone en granit noir antique.

352 *Jade vert.* — Piédestal non monté.

353 *Spath fluor.* — Deux petites Coupes montées
en bronze doré.

354 *Jaspe breché.* — Un Gobelet de forme cyliu-
drique, d'un beau poli.

355 *Cristal de roche.* — Quatre petites Colonnes
avec leurs chapiteaux en même matière.

356 *Lapis lazuli.* — Tabatière ovale à deux cu-
vettes, non montée.

357 *Mosaïque de Rome.* — Deux Médaillons ronds,
représentant des oiseaux et des papillons.

358 *Lapis lazuli.* — Piédestal avec plinthe, en
porphyre oriental.

359 *Idem de Sibérie.* — Petit Fût de colonne.

359 *bis. Gros bloc de labrador.* — Propre à faire
un grand vase.

TERRES CUITES.

360 Un *Marsias* attaché.

361 Un *Cerf.*

362 Un *Léopard.*

363 Un *Enfant* par Pigal, socle en bois noir et
doré.

DESSINS ORIGINAUX D'ÉCOLES ANCIENNES.

364 Sous ce N°. seront vendus un grand nombre
de beaux dessins en feuilles et encadrés,
parmi lesquels on en remarque de Raphaël,
Jules Romain, Michel-Ange, Léonard de
Vinci, Bandinelli, Polydore, les Carrache,
le Titien, Corrège, Primatice, Rembrandt, etc.

365 Livres de Gravures et Recueils sur les antiquités, Herculanum, Monfaucon et autres.

IMPRIMERIE DE PIHAN DELAFOREST (MORINVAL),
RUE DES BONS-ENFANS, N°. 34.